HISTÓRIAS
guardadas pelo RIO

HISTÓRIAS
guardadas pelo RIO

Lúcia Hiratsuka

© Lúcia Hiratsuka (texto e ilustrações), 2018

Coordenação editorial: Graziela Ribeiro dos Santos
Assistência editorial: Olívia Lima
Preparação: Marcia Menin
Revisão: Carla Mello Moreira

Edição de arte: Rita M. da Costa Aguiar
Produção industrial: Alexander Maeda
Impressão: A.R. Fernandez

Dados Internacionais de Catalogação na Publicação (CIP)
(Câmara Brasileira do Livro, SP, Brasil)

Hiratsuka, Lúcia
   Histórias guardadas pelo rio / Lúcia Hiratsuka
[texto e ilustrações]. -- São Paulo : Edições SM,
2018.

   ISBN 978-85-418-2040-0

   1. Literatura infantojuvenil I. Título.

18-20035   CDD-028.5

Índices para catálogo sistemático:

   1. Literatura infantil 028.5
   2. Literatura infantojuvenil 028.5

   Iolanda Rodrigues Biode - Bibliotecária - CRB-8/10014

1ª edição 2018
8ª impressão 2023

Todos os direitos reservados à
SM Educação
Avenida Paulista 1842 – 18°Andar, cj. 185, 186 e 187
– Cetenco Plaza
Bela Vista 01310-945 São Paulo SP Brasil
Tel. (11) 2111-7400
atendimento@grupo-sm.com
www.smeducacao.com.br

Sumário

Pedro	9
Don'Ana	11
Carolina	14
Seu Norberto	16
O pai	21
O canoeiro	25
O desesperado	29
O vendedor ambulante	33
A saudosista	38
O sonhador	43
O homem de negócios	48
O outro menino	53
O rio	59
Posfácio	61
Sobre a autora	63

Pedro

Nas águas do rio, o entardecer formava desenhos em cores quentes e brilhos ondulantes. Os pescadores recolhiam as varas. Pedro também se levantou e começou a enrolar a linha. Não havia muito mais o que fazer. Quase a tarde toda ali nas margens do rio, e nada...

O jovem tomou a rua de volta para casa. Balaio vazio nas costas, ia chutando pedrinhas, carrancudo. Quando passava pela praça, viu que havia uma agitação.

— Quem quer comprar histórias? Acabei de pescar!

— A minha é de aventura!

— A minha... vejam só! É de mistério!

As pessoas se aproximavam, espiavam os balaios, faziam cara de espanto.

Naquela cidade, as tardes eram assim: pescadores vendiam suas histórias, gente que ia e vinha. Alguns eram da cidade, outros chegavam de longe, de lugares onde o rio não passava.

Pedro deixou a praça e voltou a caminhar, chateado. "Por que não consigo uma boa história?"

Já em casa, no seu quarto, largou o balaio e a vara em um canto. Jogou-se na cama e se lembrou dos outros pescadores da cidade, principalmente daqueles que vendiam histórias incríveis. Como conseguiam pescá-las? Havia algum segredo da pesca que ele não conhecia? Só podia ser isso; tinha de descobrir.

Levantou-se da cama com uma ideia. Estava decidido. Ia procurar essas pessoas e pedir ajuda.

Don'Ana

Don'Ana pescava histórias e depois ia bordando, linha a linha, ponto a ponto, uma cena após a outra. As histórias criavam vida em mantas, colchas, quadros, toalhas de mesa e muito mais. Vinha gente de outras cidades só para comprar suas obras. Don'Ana era uma das melhores pescadoras que Pedro conhecia e morava a dois quarteirões de sua casa.

A pescadora experiente, bordadeira caprichosa, recebeu o rapaz na varanda, bem no meio de uma história dourada de outono.

— Oi, Pedro. — Ao vê-lo, arrematou a linha amarela que completava a cauda de uma raposa de olhos curiosos, espiando por entre capins. — O que acha? — perguntou, estendendo a manta.

— Lindo trabalho, como sempre. — Pedro ficou parado, sem graça, até criar coragem para dizer: — Quero conhecer o segredo da pesca. Pode me ajudar?

Don'Ana segurou seus óculos e olhou para o jovem.

— Vou lhe ensinar uma simpatia: passe um pouco de mel na ponta do anzol para atrair as histórias.

— Só isso?

— Só. Sempre funciona.
— Vou tentar. Obrigado, don'Ana.
Daria certo? Mas se don'Ana estava dizendo...
Pedro voltou animado para casa. Ao chegar, apanhou um potinho de mel e foi esperançoso para o rio.
Lá estavam os pescadores. O rapaz discretamente passou um pouco de mel na ponta do anzol e deixou a linha mergulhar na água. Ouvia-se uma conversa cochichada aqui e ali.

— Consegui uma! Meu filho vai ficar feliz.
— Hoje pesquei duas.
— Esta semana juntei boas histórias. Quero vender na feira de domingo.

O tempo passava, e as águas seguiam arrastando as histórias em sua corrente. Nada. Pedro recolheu a linha, decepcionado.

Carolina

Carolina passava perto do rio com cara de que o dia havia sido bom para a pesca. Só tinha oito anos, mas pescava histórias encantadoras. Guardava algumas, outras levava para a escola ou dava para alguém. Quando era presente, caprichava no pacote, enfeitando latas de biscoitos ou caixas coloridas. Era uma surpresa na hora de abrir.

Ao ver a menina, Pedro chamou-a, acenando:

— Carolina! Ei, preciso falar com você.

— Oi, Pedro. — Ela se sentou ao lado do rapaz, toda contente.

— Como foi seu dia?

— Pesquei uma história engraçada. Minha prima vai gostar.

— Vai mandar pra sua prima?

— Na cidade dela não tem rio, e ela fica triste com isso. Sempre mando histórias daqui. Ela adora, diz que mostra pra toda a família e pros amigos também. E me manda uns presentinhos. Olha só...

Carolina pôs a mão no bolso do vestido e do fundo retirou um apito em forma de pássaro.

— Chegou ontem. — E assoprou. Soou um canto de passarinho.

— E você pode me contar?

— Sobre minha prima?

— Não, sobre o segredo da pesca.

A menina parecia não ter entendido bem.

— Não sei de nenhum segredo, não.

— Mas como você faz pra pescar boas histórias?

— É que nem brincar. É divertido como brincar de roda, de amarelinha...

— Uma brincadeira? Então, você não sabe de nenhum segredo?

— Quem deve saber é o seu Norberto. Por que não pergunta pra ele? — Carolina se levantou e continuou a se divertir com o canto de passarinho de seu novo brinquedo.

Seu Norberto

O homem retornava do rio com seu balaio. Nele devia ter histórias que fariam aumentar ainda mais sua coleção, já bastante comentada pelos moradores da cidade. Pedro o esperava bem na frente da casa dele.

— Pedro? Que cara é essa? Nada hoje?

— Nada. Acho que nunca vou conseguir uma boa história!

— Desanimar nunca. Entre, venha comigo.

Seu Norberto abriu a porta, esperou o rapaz entrar e a fechou. Seguiu para outra porta e a abriu. Na sala, havia armários, estantes e prateleiras com muitas caixas, maletas, balaios... Dentro deles, sua coleção de histórias.

Quando Pedro era criança, tinha entrado nessa sala ao visitar seu Norberto com o pai e ali vira um armário enorme, de madeira escura, onde o homem guardava as histórias de que mais gostava. Naquele dia, lembrava o jovem, seu Norberto pegou uma chave, abriu o armário e, orgulhoso, mostrou sua coleção. Ele pegou uma das muitas caixas com a mão esquerda e fez pose de mágico. Com a outra mão, tirou a tampa devagar. Pedro ficou na ponta dos pés para espiar.

Um elefante azul! Então, viu o animal esticar a tromba para ele. Tentou olhar melhor para ter certeza, mas seu Norberto fechou a caixa depressa. Não podia mostrar mais; suas histórias eram preciosas, e ele queria deixá-las de herança para seus filhos e netos. Guardou a caixa com a história do elefante azul dentro do armário e o trancou com a chave, que pendurou no pescoço.

Agora, ao entrar na mesma sala, Pedro ficou admirado. Mais caixas, maletas, latinhas e balaios, tudo bem organizado, identificado com etiquetas: histórias de amor, histórias de medo, histórias engraçadas... O armário ainda estava ali, bem trancado. Devia ser nele que ficavam guardadas as histórias raras.

— Viu como minha coleção cresceu?

— Cresceu mesmo.

— Quer saber meu segredo?

Pedro mal acreditava no que ouvia.

— O importante é a vara de pescar. Esta é especial, herdei do meu avô, grande pescador — disse seu Norberto, com orgulho.

Pedro agradeceu e saiu pensativo. Seu pai era dono de uma loja de materiais de pesca. Por isso, ele ganhava as melhores e mais modernas varas. No entanto, lembrou que, muito tempo atrás, o pai usava uma velha vara de bambu e, com ela, conseguia boas histórias. Voltou correndo para casa.

— Mãe, cadê a vara de pescar antiga do pai?

A mãe regava as plantas do jardim.

— Aquela que ele usava quando eu era criança.

— Talvez no armário da edícula. Mas por que você quer essa vara agora? Com tantas novas...

— Só quero experimentar.

Pedro correu para o quintal. Quanta coisa guardada na edícula! Só depois de tirar muito pó, que o fez espirrar algumas vezes, ele encontrou um pacote alongado de papel pardo.

— Achei! — Sorriu, esperançoso. A vara continuava com anzol e tudo. Não via a hora de testá-la na manhã seguinte.

Pedro chegou ao rio quando a cidade ainda dormia. Se não fossem os pássaros ou o vento assoprando as folhagens, seria um silêncio só. O rapaz deixou que a longa linha mergulhasse até o fundo e segurou firme a vara. Quem sabe?

Ficou esperando. Pescaria uma história de amor? De aventura? De humor? De mistério? Mas o tempo passava e nada acontecia. Olhou desgostoso para o rio, que apenas seguia seu caminho em direção à mata.

O pai

Durante o café da manhã, o pai comentou, animado:

— Temos novidades na loja!

A mãe quis saber mais. Pedro também estava curioso.

— Chegaram umas redes de pesca bem coloridas.

— Com certeza as crianças vão adorar! — exclamou a mãe, entusiasmada.

Pedro, contudo, achou que isso não ia ajudá-lo. Continuou tomando seu café com pão e geleia de amora.

— Filho, não quer trabalhar comigo? Vamos precisar de mais gente pra atender na loja.

— Vou pensar, pai.

— Você pode pescar nos fins de semana. Acho que o movimento vai aumentar. Cada vez mais gente quer pescar, crianças também.

— Antes quero descobrir o segredo da pesca.

— Bom, preciso ir. Conto com você. — O pai se levantou.

— Pai, espere... Lembra que você era um ótimo pescador?

— Lembro, até que eu me dava bem.

— Aprendeu com quem?

— Isso faz tanto tempo... Havia um senhor que a gente chamava de seu Guido ou velho Guido, grande pescador. Eu e alguns amigos ficávamos um tempão ao lado dele.

— O que ele ensinava?

— Não me lembro. Só sei que eu comecei a pescar histórias que nunca tinha imaginado. Ele saiu da cidade, não o vi mais.

— Mudou pra onde?

— Pra depois da mata, atravessando de barco. Não sei se continua por lá — respondeu o pai, já saindo para o trabalho.

Assim que terminou seu café, Pedro comunicou:

— Mãe, vou viajar. Quero encontrar esse pescador e aprender com ele.

— Filho, quando pequeno, você ficava tão feliz com as histórias que pescava...

— É mesmo? E onde estão essas histórias?

— Não estão guardadas em algum canto? Ou será que foram doadas com as do seu pai?

Pedro recordou que, anos atrás, o pai realmente pescava histórias fascinantes, puro encanto. Para ele, ainda criança, havia sempre uma surpresa antes de dormir. Lembrou que rolava de rir, ou derramava algumas lágrimas, ou se cobria de medo, ou vivia aventuras em terras distantes. Pena que nenhuma das histórias pescadas pelo pai ficou guardada. Um dia a mãe juntara todas elas em um balaio e as levara para doar em uma cidade sem rio, fazendo a alegria dos moradores.

— Mãe, amanhã vou sair cedo.

— E se não achar a casa do seu Guido?

— Se ele não estiver mais morando depois da mata, sigo adiante. Vou ficar uns dias fora, mas não se preocupe. Peço pra pousar em alguma fazenda ou na casa de algum pescador.

— Você já se decidiu. Então, vá! Tomara que encontre o que procura.

Animado com a ideia, Pedro foi arrumar suas coisas: a vara, uma muda de roupas, uns trocados e uma lata para guardar a história, caso pescasse alguma. Ajeitou tudo na mochila e pensou no que a mãe havia comentado sobre quando ele era criança. Será que sabia o segredo da pesca e tinha esquecido?

O canoeiro

Pedro caminhou beirando o rio. O lugar ainda estava deserto de pescadores. Apressado, ele seguiu até a mata. Dali em diante, era preciso continuar de canoa. Sempre havia um canoeiro que ia e vinha, levando e trazendo pessoas; e lá estava ele, aguardando o primeiro passageiro da manhã.

— O moço quer atravessar?

— Quanto tempo leva?

— Pouco mais de uma hora. Passeio bonito.

O homem rapidamente puxou a canoa para a água. Assim que Pedro se acomodou, a embarcação deslizou suave, conduzida por remadas firmes.

A mata ia se fechando. As árvores lançavam seus galhos, abraçando-se lá no alto. Um túnel verde seguia ao som das remadas, que se misturava ao canto dos pássaros e ao guincho dos macacos. A claridade da manhã perfurava o trançado dos galhos e folhas, salpicando desenhos de luzes nas águas e na canoa.

— Tem muitas histórias escondidas — disse, baixinho, o canoeiro.

— Onde?

— Bem lá, no fundo do rio.

— Por que se escondem? — Pedro mirou as águas.

— Vai ver elas gostam de brincar. Ou então esperam sua hora de ser pescadas.

— O senhor pesca também?

— Eu bem que tenho vontade, mas tô sempre com gente pra atravessar.

— E como o senhor sabe das histórias escondidas?

— É que já levei muitos pescadores e ouvi um deles comentar.

Pedro pensou em pescar ali, mas logo desistiu da ideia, pois tinha pressa de atravessar a mata.

— Ouviu falar de um pescador chamado Guido?

— Não sou bom de lembrar nomes.

— Sabe se alguém mora depois da mata?

— Na saída da mata, não vejo casa alguma. Se for mais adiante, vai encontrar povoados. Vivo levando e trazendo gente de lá.

— Tudo bem, vou ver o que tem depois da mata.

Histórias escondidas no fundo do rio, esperando... As águas carregavam um mundo. Pedro tinha muito para perguntar a seu Guido, mas talvez ele não morasse no mesmo lugar. Logo o túnel verde chegou ao fim, e a claridade se mostrou com toda a força da manhã.

O desesperado

O mato alto se espalhava por todo lado. Na paisagem de morros e vegetação, Pedro viu a estrada que beirava o rio. Foi por ela.

Quando achava que era tudo desabitado, uma cabana surgiu como se brotasse da terra. Seria ali? Depois da mata, o pai tinha dito. Lá devia ser a morada do pescador.

Mais de perto, viu que o capim tomava o chão e trepadeiras escalavam as paredes de madeira escurecida, alcançando o teto de sapé. Se o velho pescador de histórias havia morado naquele lugar, não estava mais lá fazia muito tempo.

Pedro ficou olhando os morros. E agora? Voltar ou seguir um pouco mais?

Não muito longe dali, avistou uma barraquinha; alguém acampava junto das árvores. Logo descobriu a figura de um pescador solitário. Talvez fosse algum conhecido, vindo da cidade. Aproximou-se, querendo saber quem pescava em um lugar isolado como aquele. Era um jovem, de óculos de sol e boné escondendo parte do rosto e dos cabelos despenteados. Quando percebeu a presença de alguém, o pescador se virou.

— Desculpe, não queria atrapalhar — sussurrou Pedro.

O outro respondeu com gestos, pedindo que esperasse, e voltou a fixar os olhos na linha mergulhada nas águas. Levantou a vara e balançou a cabeça.

— Droga! Nada de nada!

Pedro se espantou com a irritação do rapaz e pensou em se afastar dali. Antes, decidiu arriscar:

— Preciso de uma informação...

— E eu, de uma história! Uma história fantástica!

— E, posso saber por quê?

— O prêmio é bom. Vai pra quem pescar a melhor história.

Pedro se sentou no gramado.

— Existem boas histórias por aqui?

— Ah! Todas escondidas. Não consegui nada que valesse a pena.

— E por que veio pescar neste lugar?

— A cidade onde moro não tem rio. O prefeito prometeu um bom prêmio em dinheiro pra quem conseguir uma história. Além do mais, vou ficar conhecido pela cidade inteira. Consegue imaginar? Quero esse prêmio! Preciso dele! Só que as histórias se escondem ou fogem...

Hesitante, Pedro lançou outra pergunta:

— Por acaso, já ouviu falar de um pescador chamado Guido?

— Nunca.

O rapaz se mostrava irritado. Então, Pedro decidiu ir embora. Levantou-se.

— Boa sorte pra você.

O outro nem respondeu, continuando com os olhos fixos na água.

O vendedor ambulante

Mais adiante, o rio mergulhava em outra mata. A estrada, depois de se separar do rio, dividia-se em duas. Pedro lamentou não ter trazido um mapa.

Qual das estradas tomar? A da direita ou a da esquerda? Não fazia ideia do lugar a que cada uma delas levava. Sentou-se em uma pedra, indeciso, observando a paisagem. Foi quando ouviu um som e logo viu surgir uma carroça puxada por um burrico.

Aguardou, curioso. Nem precisou fazer sinal; a carroça parou e um homem levantou seu chapéu de aba larga, todo sorridente.

— Moço, quer ver minhas mercadorias?

O vendedor desceu e foi mostrando o que carregava na carroça.

— Moringa pra água? Panela? Sacola? Botina? Chapéu de palha?

Pedro tentou dizer que não queria nada e que nem tinha como carregar, porque estava a pé. No entanto, o homem não desistia tão fácil.

— É pescador? Quer um balaio novo? Este atrai histórias. Ah, tenho também cofre pras mais raras!

— O senhor tem um mapa da região?

— Hum... Não pra já; vou anotar. — Tirou do bolso uma caderneta e escreveu a lápis: "Mapa pra minha próxima viagem".

Pedro ia se despedir, mas lembrou:

— O senhor conhece um pescador chamado Guido?

— Não sei, e olha que eu ando muito pra lá e pra cá.

— E aonde eu chego se for direto por ali? — Pedro apontou para a estrada da direita, por onde tinha surgido a carroça.

— A um povoado. Tem chão! Andando depressa, você chega lá antes do anoitecer.

— E a outra estrada?

— Você volta pra cidade.

— Eu vim da cidade; não pretendo voltar ainda.

— E quer ir pra onde?

— Quero procurar o segredo da pesca.

— Já sei do que você precisa!

O vendedor começou a remexer no fundo de uma das caixas que carregava na carroça.

— Aqui está!

Era uma cartilha. Na capa, estava escrito em letras bem grandes: PARA UMA BOA PESCARIA. Pedro olhou desconfiado.

— Consegui isto há muitos anos em um bazar de raridades. Tenho certeza de que você vai gostar.

O homem sabia perceber um comprador em dúvida e investiu nas palavras de incentivo. Pedro acabou ficando com a cartilha, e o vendedor ambulante pegou a estrada, feliz por ter realizado uma venda.

O jovem andarilho se sentou de novo na pedra. Na esperança de encontrar uma resposta, abriu a cartilha. Leu depressa: lançar a linha, deixá-la seguir seu caminho, aguardar com paciência, sentir a linha puxar... Depois, vinham relatos de experiência dos pescadores bem-sucedidos.

Sabendo que isso não ia ajudá-lo, jogou a cartilha dentro da mochila. Ao menos o vendedor havia lhe dado uma informação útil sobre a estrada.

A saudosista

Os pés doíam, o corpo pesava como saco de areia, tamanho o cansaço. Ao pôr do sol, Pedro avistou umas construções.

Eram casas simples. Algumas tentavam segurar a custo a pintura; outras, de pau a pique, nunca conheceram tinta. Moleques jogavam bola perto de uma enorme amendoeira. Quando viram o jovem, pararam e vieram rodeá-lo.

— Veio de onde, moço?

— Da cidade.

— Da cidade perto do rio? Tem histórias pra gente?

— Não.

— Não é pescador?

— Sou um quase morto... de cansaço. Será que consigo lugar pra passar a noite?

Um deles apontou para uma casinha no fim da rua.

— Viajantes ficam ali.

Pedro agradeceu e se dirigiu para o local indicado. O povoado mal começava e já terminava.

— Precisa de pouso? — A dona da casa espiou pela janela.

— Pra esta noite e mais uns dias.

— Entre, meu nome é Rosália.

Era um alívio não ter de passar a noite na estrada.

A claridade entrava sem pedir licença. Pelas frestas da janela, por baixo da porta, por todos os cantos, a casinha respirava luz. O sol devia ter nascido havia algum tempo; da rua chegavam vozes e ruídos.

Um aroma de broa de milho saída do forno convidava Pedro a se apressar. Dona Rosália lhe serviu café com leite em uma caneca.

— Não temos tantos visitantes por aqui, só uns vendedores, uns viajantes... Você mora na cidade?

O jovem respondeu que sim com a cabeça, enquanto saboreava a broa.

— E vai pra onde?

— Procuro seu Guido, um pescador, mas ele não mora mais onde pensei que estaria. A senhora ouviu falar dele?

— Guido? Não tem outro nome?

— Meu pai só disse velho Guido.

— Não me lembro de ninguém com esse nome.

— Agora que estou aqui, nem sei o que fazer.

— Fique mais um pouco. Quem sabe encontra alguma pista?

— A senhora mora há muito tempo no vilarejo?

— Um bocado, mas já morei na beira de um rio e fui pescadora. — A mulher deu um suspiro.

— Desistiu da pesca? Por quê?

— Um dia apareceu um vendedor de tecidos. Esses tecidos traziam histórias que alguém pescou e estampou ali. Eu gostava de ficar olhando. O vendedor ia e voltava, cada vez trazendo outros tecidos, outras histórias.

— A senhora se casou com o vendedor de tecidos?

— Logo se vê que gosta de histórias! Foi isso, mas infelizmente ele já faleceu. Nós moramos em muitos lugares, ora perto do rio, ora longe. Fomos nos afastando cada vez mais do rio, e acabei perdendo o jeito de pescar.

— A senhora conheceu o segredo da pesca?

— Talvez... Faz tanto tempo que não me lembro. Ah, me deu uma saudade do rio... — E deu outro suspiro.

O sonhador

Pela janela, alguém espiava o interior da casa. Quando Pedro olhou e percebeu que era um garoto, este se afastou como alguém pego em uma travessura. Logo, porém, surgiu de novo na janela.

— Oi. Você procura dona Rosália?

— Não.

Pedro notou a timidez dele.

— Qual é seu nome?

— Me chamam de Tuim.

— Eu sou Pedro. Está voltando da escola?

O garoto respondeu que sim com a cabeça. Pedro deixou a janela, atravessou a sala e foi até a porta.

— Você tem uma história? — perguntou Tuim.

— Não, não tenho.

— Achei que era pescador. Vi você chegar ontem. — O menino pareceu decepcionado e começou a caminhar devagar.

Pedro o acompanhou enquanto conversavam.

— Vim para cá em busca do segredo da pesca.

— Mas o rio fica longe daqui.

— É, eu sei. Saí de casa atrás de um pescador de

nome Guido. Não o encontrei e estou meio perdido. Não sei o que fazer.

— Você mora na cidade?

— Moro.

— Lá tem um monte de pescadores?

— Tem, e gente vendendo histórias na praça.

— Quero ir pescar na cidade. O pai prometeu me levar, mas ele trabalha e não tem tempo.

O garoto parou perto de uma das casas. Uma mulher saiu na porta e o chamou:

— Tuim, venha comer! Depois me ajude a colher milhos.

— Tô indo, mãe! Tchau, Pedro.

Dentro de uma tarde cabiam várias brincadeiras e conversas debaixo da enorme amendoeira. As pessoas mais velhas jogavam cartas. As crianças rodavam pião, soltavam pipas, inventavam carrinhos com tocos de madeira, pulavam amarelinha.

Pedro decidiu se juntar aos moradores na esperança de alguém conhecer seu Guido. Ninguém havia ouvido falar dele. Talvez nem fosse o nome verdadeiro do pescador, e sim um apelido. Teria se mudado para as margens de algum rio mais distante? Estaria vivo?

Pedro viu Tuim chegar, chamando por ele. Trazia um objeto nas mãos.

— É pra carregar água?

— Não, é pra guardar histórias, que ainda vou pescar.

Era uma cabaça.

— Minha avó disse que o rio cabe aqui. Ela também tem umas histórias guardadas dentro de umas cabaças que ficam trancadas num baú.

— Que tipo de histórias?

— Ela não mostra pra ninguém. Diz que um dia eu vou ficar com as cabaças, com tudo o que tem dentro.

— Será que ela conheceu seu Guido?

— Já perguntei, mas não respondeu. Ela fala pouco.
— E Tuim quis saber mais da cidade.

Pedro falou da coleção de seu Norberto, da diversão de Carolina, dos bordados de don'Ana, do agito da praça, da loja do pai e de outras coisas de lá.

— Ei, quer um dia ir pra cidade? — perguntou para o menino.

— A mãe diz que só quando eu for maior, que sozinho não.

— Eu venho buscar você nas férias de escola! Podemos pescar juntos.

Tuim tentou calcular o tempo nos dedos e achou que ia demorar muito; ia ter de dormir e acordar, dormir e acordar, várias vezes. Perdeu as contas e riu.

O homem de negócios

Certa tarde, um jipe parou na frente da casa de dona Rosália. As crianças e até alguns adultos rodearam o carro. Visita era sempre novidade por ali.

— Quem é? — indagou Pedro aos garotos que jogavam bola. Ele acabava de voltar de uma caminhada.

— Não sei, chegou faz pouco tempo — respondeu Tuim.

— Veio de longe — completou um menino maior, lendo a poeira no carro.

— A gente nunca viu o homem por aqui.

Curioso, Pedro decidiu entrar e saber mais do visitante. Ele conversava com dona Rosália, sentado à mesa, tomando café. Vestia camisa clara e gravata e, na cadeira ao lado, havia um paletó e uma maleta de couro.

— Você é o jovem que veio da cidade? — perguntou o visitante.

— Pedro, esse senhor veio a negócios — explicou dona Rosália.

— Penso em instalar uma nova fábrica e busco um bom lugar para isso.

— Fábrica de quê, senhor?

— De todas as coisas de que os pescadores precisam: varas e redes de pesca, balaios, peneiras... Quero expandir meu negócio. Os pedidos aumentaram; quanto mais gente compra histórias, mais gente quer pescar.

O homem de negócios tomou outro gole de café e dona Rosália disse:

— Pedro está procurando um pescador chamado Guido. Ouviu falar?

— Não conheço. Algum pescador especial?

— Meu pai pescou boas histórias ao lado dele, e eu quero descobrir o segredo da pesca...

O homem terminou o café e comentou:

— Sabe, eu já procurei muito por uma boa história.

— É mesmo?

— Faz tempo, era jovem como você. Morava numa vila perto do rio e fazia balaios, um a um, trançando taquaras. Vendia os balaios para os pescadores, pensando em pescar também. Até preparei uma vara e esperei o momento certo. Um dia, veio uma moça bonita morar na vila. Da janela, ela me viu com os balaios e perguntou se eu tinha uma história. Fiquei fascinado! Para conquistá-la, decidi lhe dar uma história de presente.

— Conseguiu?

— Tentei. Fui até o rio e, na hora de jogar a linha na água, desisti. Tive medo de não pescar boas histórias. Então, comecei a procurar por uma. Perguntava aos outros pescadores, espiava os balaios, ia às feiras. Nenhuma parecia encantadora o bastante para conquistar a moça.

Pedro e dona Rosália ouviam atentos, e o homem continuou:

— Eu tinha que encontrar um grande pescador que me vendesse uma linda história. Precisava de mais dinheiro para isso e passei a fazer mais balaios e também varas. Os pedidos aumentaram. Contratei artesãos e vendedores. E tudo foi crescendo.

— E a história para a moça?

— Já chego aí... Então, um artesão caprichoso me fez uma bela caixa, com rosas minúsculas entalhadas. Uma perfeição! Precisavam ver que caixa!

— Mas e a história? — Pedro estava ansioso.

— Eu tinha o dinheiro para comprar uma, do melhor pescador que encontrasse.

— E?

— A moça tinha ido embora da vila.

— Puxa, sinto muito!

— O negócio cresceu, até instalei uma fábrica. Comecei a receber pedidos de longe, o trabalho tomou conta dos dias e das noites. A vontade de pescar ficou escondida em algum lugar.

— E nos fins de semana? — perguntou Pedro.

— Hum... faz tempo que não sei o que é isso.

O homem parou, olhou para o rapaz e estalou os dedos.

— Você me deu uma ideia! Posso fabricar umas varas com um manual. O segredo para pescar uma boa história! Vai ser um sucesso! — exclamou, partindo apressado.

O outro menino

O vilarejo começava a acordar. Pedro saiu da casa de dona Rosália e olhou para a claridade que o céu anunciava devagar por trás dos morros. Seria um dia de sol, com poucas nuvens.

Tuim veio correndo se despedir. Carregava uma cabaça.

— Minha avó pediu que eu entregasse pra você. Ela falou que foi do seu Guido.

— Então, sua avó o conheceu!

— Ela disse que ganhou muitas histórias de presente.

Pedro apertou os olhos para espiar dentro. Nada além do vazio. Mas viu que do lado de fora havia uns desenhos. Formavam uma espécie de mapa, com o rio, a mata que ele tinha atravessado de canoa, o povoado, as estradas... E, olhando bem, percebeu que poderia ir para casa sem ter de retornar pelo caminho por onde viera.

— Vai procurar o velho pescador? — perguntou Tuim.

— Não mais. Quero voltar pra casa, pra perto do rio.

Pedro retirou da mochila a lata que havia trazido e

a entregou para Tuim. Ao abri-la, o garoto viu a cartilha, aquela que o rapaz havia comprado do vendedor ambulante.

Dona Rosália também saiu para se despedir.

Pedro começou a caminhar e, de vez em quando, olhava para trás. As casas iam diminuindo de tamanho. Tuim e dona Rosália continuavam no mesmo lugar, acenando. A imagem dos dois foi ficando cada vez menor, até o povoado sumir na curva.

Na estrada de terra, havia trechos isolados, outros nem tanto, e se avistavam algumas casas e pastos ao longe. O sol estava alto; era um dia quente, mas as árvores amenizavam o calor jogando suas sombras.

Depois de percorrer esse caminho para casa por algum tempo, Pedro decidiu parar debaixo de uma mangueira. Não queria demorar demais, apenas o suficiente para comer o lanche e descansar um pouco.

Nesse momento, veio-lhe a lembrança de um menino, ainda mais novo que Tuim.

O menino andava pelo gramado. Com os olhos de espanto, ia de mãos dadas com o pai. Levava um pequeno balaio a tiracolo e segurava firme uma vara. Levantou os olhos. O pai também carregava uma vara e tinha um balaio a tiracolo.

Esperavam pescar muitas histórias naquele dia.

Eles, então, chegaram à beira do rio. O pai ajudou o menino a desenrolar a linha, bem devagar.

— Deixe ela cair na água, deixe ela ir lá no fundo buscar sua história. E segure firme a vara. Vamos ficar quietos, pra não espantar as histórias!

O filho fez tudo o que o pai ensinou. O pai sabia pescar histórias bonitas e disse que precisavam esperar. Esperaram. Que história viria em seu anzol? De viajar em um navio voador? De fazer cócegas na barriga de tanto rir? De medo ao ir ao banheiro à noite? Ou de encantar crianças?

O menino sentiu algo na ponta da linha. Gostou do esforço que teve de fazer para puxá-la.

— Devagar — orientou o pai —, senão a história se espanta e foge.

Gostou também de ver um brilho na ponta da linha e ainda mais de olhar sua história na palma da mão. Bem pequena. Seria frágil? Sumiria como uma bolha de sabão? Piscava como a luz de um vaga-lume. Sua história teria um vaga-lume? Não sabia ao certo; teria de descobrir o segredo daquela história.

— Quer guardar dentro do seu balaio? — perguntou o pai.

— Não — respondeu o menino, colocando a história, recém-pescada, dentro do bolso de sua camisa, bem pertinho do peito.

O menino era ele mesmo quando pequeno.

O rio

O rio sentiu suas águas se aquecendo. Logo mais os pescadores estariam em suas margens.

Naquela manhã, o rio reveria o jovem viajante que acabara de retornar para casa.

O rio sabia de tudo. Sabia até que, antes de Pedro sair de casa pela manhã, a mãe havia perguntado:

— Já vai pescar? Nem descansou da viagem!

Em seguida, a pergunta viera do pai:

— Decidiu se vai trabalhar na loja?

Porém Pedro deixou as perguntas para trás, as respostas para depois, porque o rio esperava sua chegada.

E lá se foi ele, passos mais firmes e menos apressados do que antes.

As quaresmeiras floridas miravam suas imagens arroxeadas na água. O rapaz sentou-se no gramado perto delas e desenrolou a linha. O rio chacoalhou as histórias, algumas acomodadas bem lá no fundo e outras carregadas pela corrente.

Pedro fez cair a linha. A linha mergulhou sem hesitar. Ela já sabia seu caminho.

Posfácio

Havia uma ideia nebulosa que guardei em um balaio. O que fazer com ela? Vieram outras perguntas e, no mesmo balaio, acomodaram-se. Ao agitá-lo, novas perguntas surgiram. Que história é essa? São tantos os caminhos a seguir para contar uma história! Quais palavras escolher? Quais cenas?

De pergunta em pergunta, surgiam mais personagens, cada uma delas com suas necessidades. Então, eu me vi perdida no meio do caminho. E "no meio do caminho" havia muitos outros a seguir.

Nessa busca, mais personagens chegaram. Personagens e suas histórias, sempre guardadas pelo rio.

Lúcia Hiratsuka

Nasceu no sítio Asahi, interior de São Paulo. No chão do quintal de terra brincou e rabiscou seus sonhos. Chegou a São Paulo aos 15 anos e meio, com a ideia de estudar desenho. Depois de graduar-se pela Faculdade de Belas Artes de São Paulo, encontrou o caminho na literatura infantojuvenil. Publicou diversos livros, pelos quais recebeu importantes prêmios como o Jabuti de Ilustração em 2006 e 2012 e o Jabuti na categoria Juvenil por *Histórias guardadas pelo rio* em 2019; o Melhor para Crianças, da Fundação Nacional do Livro Infantil e Juvenil (FNLIJ), em 2015; o Troféu Monteiro Lobato, em 2015, da revista *Crescer*; além da indicação de uma de suas obras no prestigiado catálogo White Ravens, da Biblioteca de Munique, no mesmo ano. Pela SM, publicou também *Lin e o outro lado do bambuzal* (2004), *Contos da montanha* (2005), *Os livros de Sayuri* (2008) e a coleção *Histórias do Quintal* (2011). Também traduziu e ilustrou a obra *O violoncelista* (2009), de Kenji Miyazawa.

Fonte: Dapfer
Papel: Pólen Bold 90 g/m²